(N° 321) COLLECTION D'UN AMATEUR

Vente du Samedi 28 Février 1914

HOTEL DROUOT — SALLE N° 10

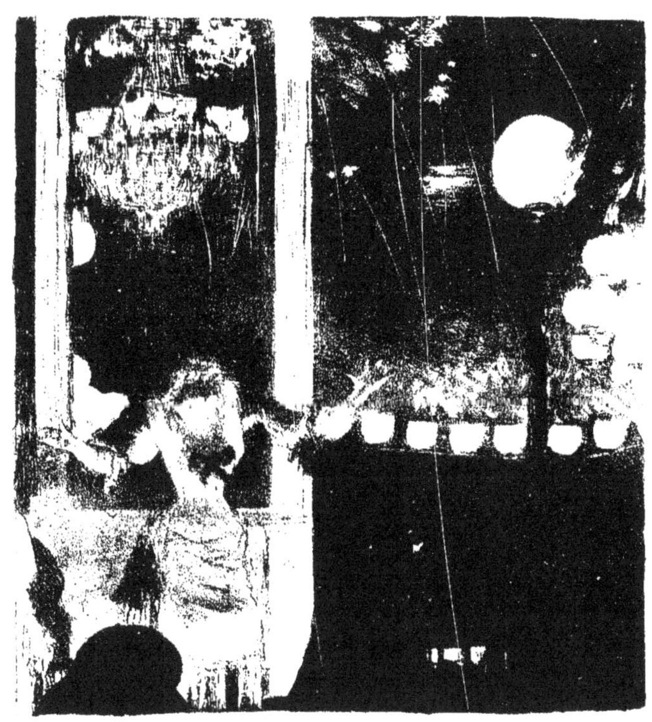

N° 30 du Catalogue.

ESTAMPES MODERNES

Me ANDRÉ DESVOUGES — M. LOYS DELTEIL

EXPOSITION PUBLIQUE, HOTEL DROUOT, SALLE N° 7

Le Vendredi 27 Février 1914, de 2 h. à 6 h.

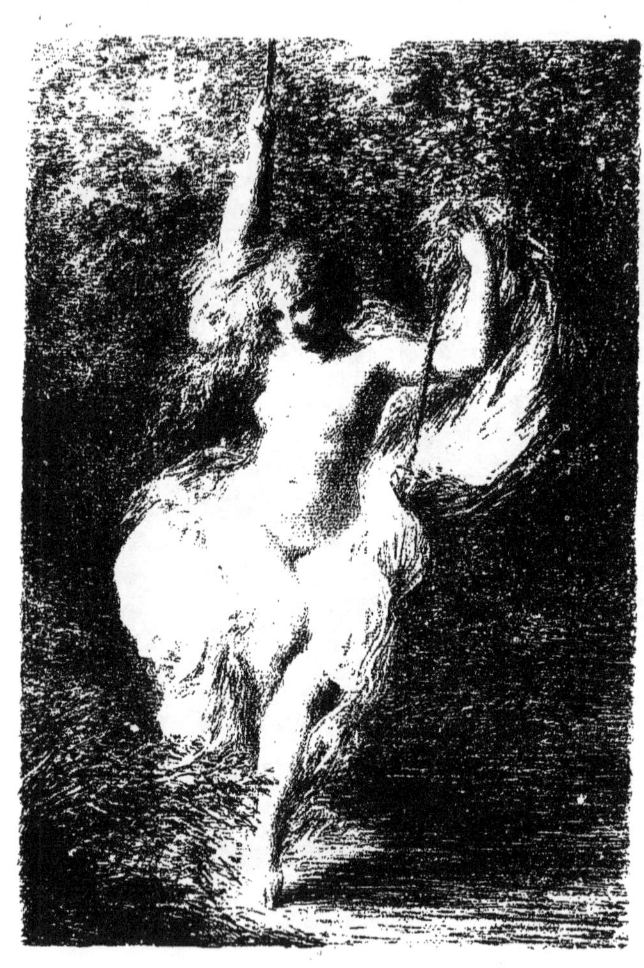

N° 40 du Catalogue.

CATALOGUE

DES

ESTAMPES

MODERNES

Formant la Collection d'un Amateur

ŒUVRES

DE

BRACQUEMOND, CARRIÈRE, MARY CASSATT, DEGAS,
FANTIN-LATOUR, FORAIN, INGRES,
LEGROS, LEPÈRE, H. RIVIÈRE, RODIN, STEINLEN,
TOULOUSE-LAUTREC, WHISTLER, ZORN, etc.

Dont la vente aura lieu

à Paris, HOTEL DROUOT, Salle N° 10
Le Samedi 28 Février 1914
à 2 heures précises

Par le Ministère de Mᵉ ANDRÉ DESVOUGES
COMMISSAIRE-PRISEUR
26, Rue de la Grange-Batelière

Assisté de M. LOYS DELTEIL, Graveur et Expert
2, Rue des Beaux-Arts

CONDITIONS DE LA VENTE

Elle sera faite au comptant.

Les adjudicataires paieront *dix pour cent* en sus des enchères.

M. Loys Delteil remplira les commissions que voudront bien lui confier les amateurs ne pouvant y assister.

MM. les Amateurs pourront visiter la collection, 2, *rue des Beaux-Arts*, du Mercredi 18 au Jeudi 26 Février 1914 *(le dimanche excepté)*.

Exposition Publique, Hotel Drouot, salle N° 7
Le Vendredi 27 Février 1914, de 2 h. à 6 h.

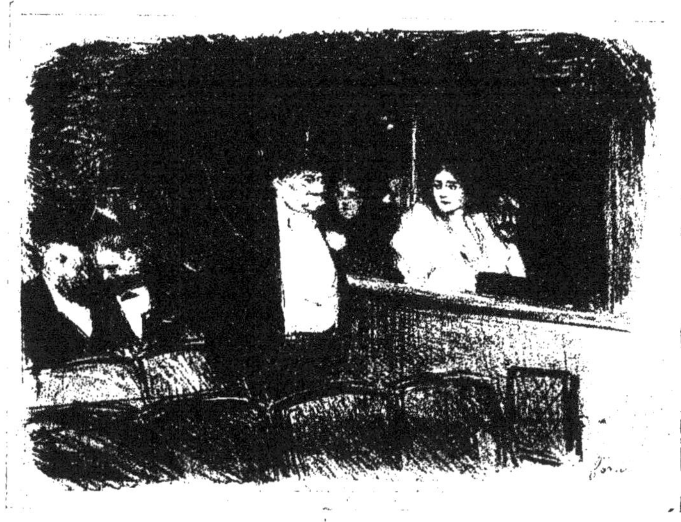

N° 83 du Catalogue.

DÉSIGNATION

BESNARD (P. A.)

1. Quatre têtes de Femmes. Belle épreuve, *signée* (82/100).

BRACQUEMOND (Félix)

2. La Scierie du Bas-Meudon (188). Deux belles épreuves, une du 1er état.
3. Les Saules des Mottiaux (190). Superbe épreuve du 1er état.
4. Le Bateau de teinturier (Bas-Meudon) (192). Très belle épreuve.
5. Trembles au bord de la Seine (218). Très belle épreuve sur japon.

CARO-DELVAILLE

6. Les Images. Très belle épreuve, *tirée en 2 tons, avec croquis original, signée.*

CARRIÈRE (Eugène)

7. Daudet (Alph.) (Loys Delteil 16). Superbe épreuve sur chine volant.

8. Nelly Carrière (18). Épreuve sur chine, *signée* et *timbrée* (cassure).

9. Goncourt (Edm. de) (25). Très belle épreuve sur chine, *signée* et *numérotée.*

10. Verlaine (Paul) (26). Très belle épreuve sur chine, *signée* et *numérotée* (67).

11. Rochefort (Henri) (27). Belle épreuve (frottée).

12. Lecture (29). Très belle épreuve sur chine, *signée.*

13. Rodin (Auguste) (33). Très belle épreuve sur chine, *signée.*

14. Maternité, grande planche (38). Belle épreuve, *tirée en bistre.*

15. Marguerite Carrière, 2e pl. (43). Très belle épreuve sur chine, *signée* (32/50).

CASSATT (Mary)

16. L'Enfant au perroquet. Très belle épreuve sur papier ancien, *signée* et *timbrée.*

17. Le Reflet dans la glace. Très belle épreuve sur papier ancien, *signée* et *timbrée.*

18. La Femme au perroquet. Très belle épreuve sur papier ancien, *signée* et *timbrée.*

19. La Glace à main. Très belle épreuve sur japon, *signée* et *timbrée.*

20. La Tasse de thé. Très belle épreuve sur japon, *signée* et *timbrée*.

21. La Caresse. Très belle épreuve, *signée*.

22. Avant le bain. Très belle épreuve, *signée*.

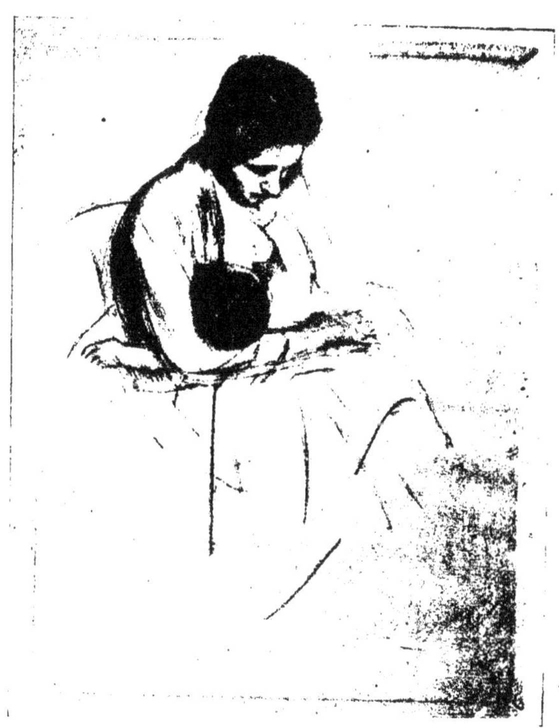

N° 25 du Catalogue.

23. Les Images. Très belle épreuve sur japon, *signée* et *timbrée*.

24. Le Sein. Très belle épreuve sur japon, *signée* et *timbrée*.

25. Le Sein, pl. différente. Très belle épreuve, *signée*.

26. Sollicitude maternelle. Très belle épreuve, *signée*.

27. La Toilette de l'Enfant. Très belle épreuve sur japon, *signée* et *numérotée* (épidermure).

28. Mère et Enfant. Très belle épreuve, *signée*.

29. Mère et Enfant. Très belle épreuve sur papier ancien, *signée* et *timbrée*.

30. Mère et Enfant vu de dos. Très belle épreuve sur japon, *signée* et *timbrée*.

31. Femme en toilette de ville. Très belle épreuve sur papier ancien, *signée* et *timbrée*.

32. La Fillette agenouillée dans un fauteuil. Très belle épreuve, *signée*.

33. Fillette assise sur un divan. Très belle épreuve, *signée*.

34. Fillette accoudée sur le dos d'un fauteuil. Très belle épreuve, *signée*.

35. Fillette devant un fauteuil. — L'Image. Deux pièces. Très belles épreuves, *signées*.

COROT (J. B. C.)

36. Souvenir de Toscane (L. D. 1). Belle épreuve, *avant la lettre*.

37. Paysage d'Italie (7). Belle épreuve, avec cache-lettre.

DEGAS (Edgar)

38. Degas, par lui-même. Très belle épreuve, *signée*. Très rare.

39. Chanteuse de Café-Concert. Lithographie. Superbe épreuve, *signée*. Très rare.

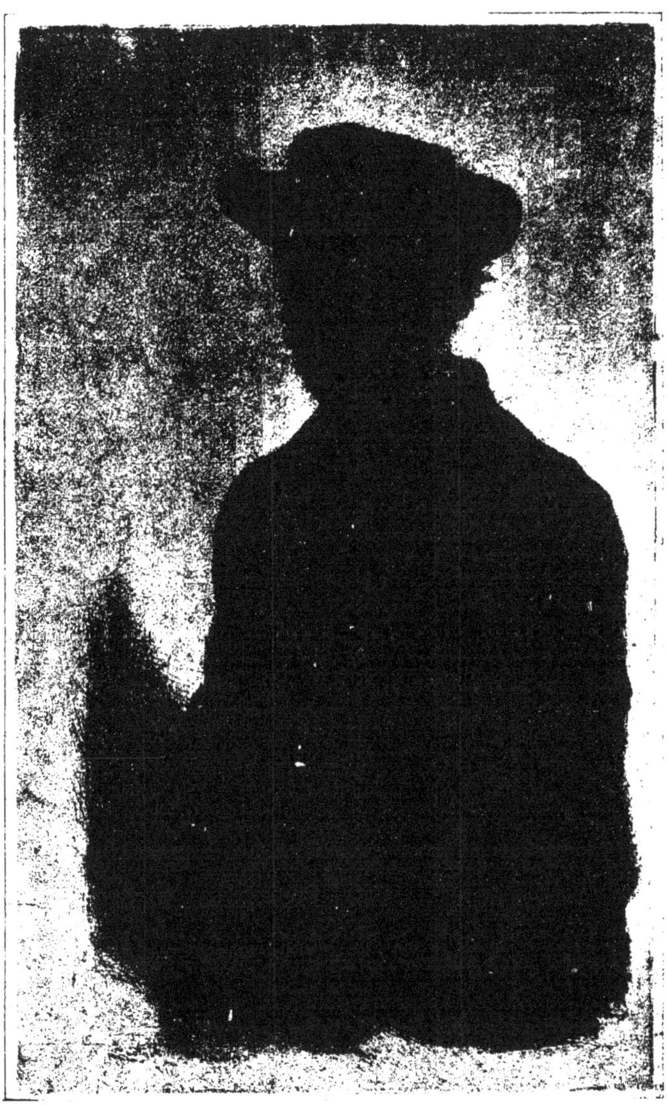

Nᵉ 38 du Catalogue.

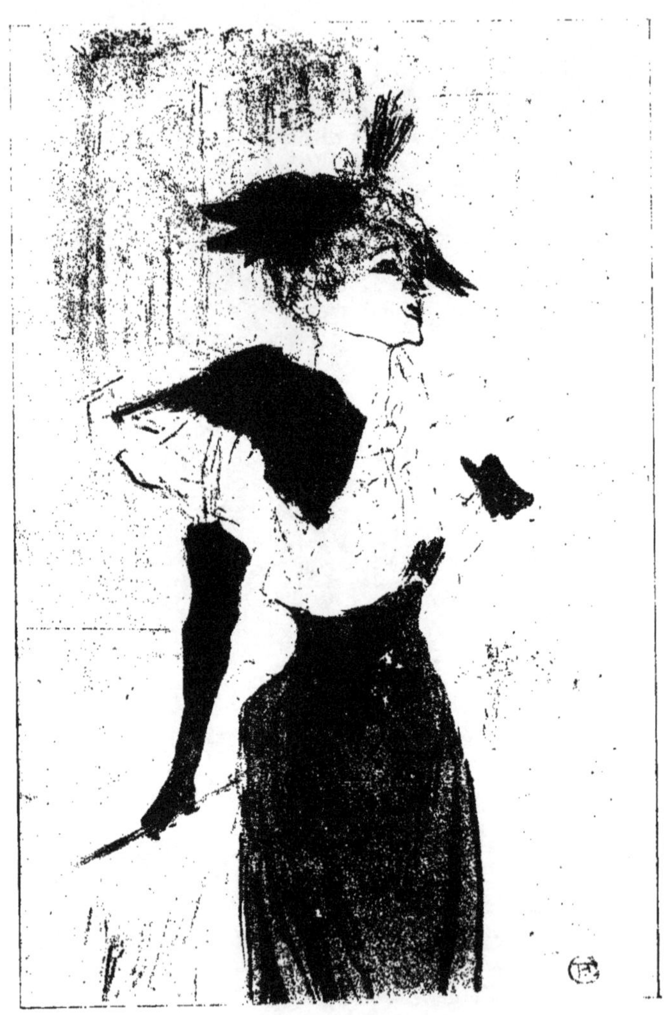

N° 186 du Catalogue.

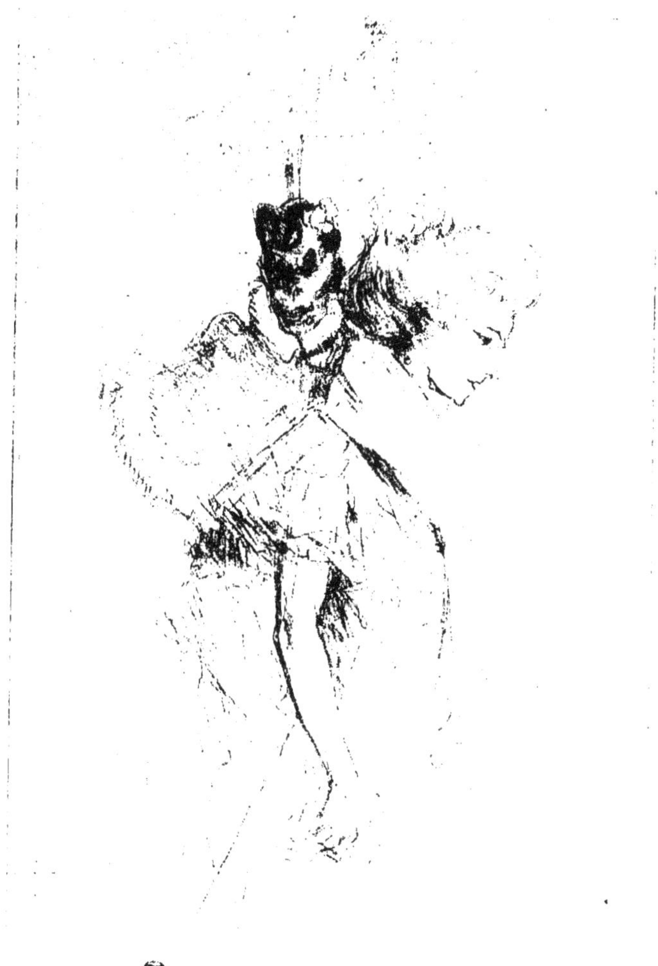

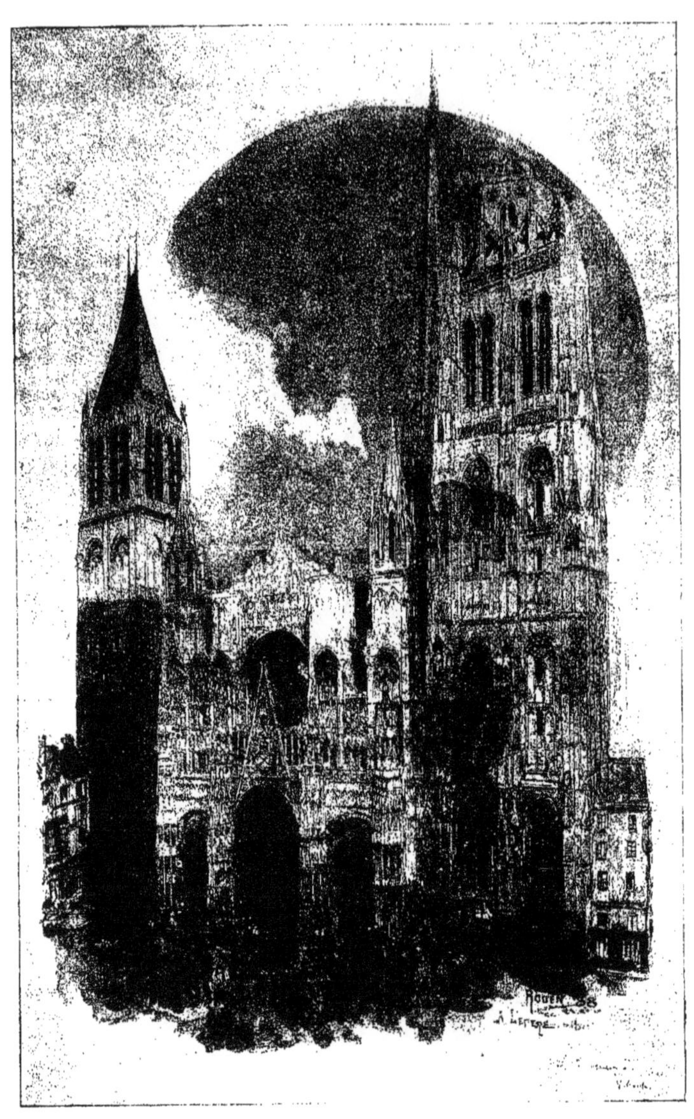

N° 104 du Catalogue.

FANTIN-LATOUR (H.)

40. La Fée des Alpes, 1re pl. (G. Hédiard 6). Très belle épreuve sur chine, *signée.*

41. L'Anniversaire (7). Très belle épreuve sur chine, *avec dédicace.*

42. Scène première du Rheingold (8). Très belle épreuve, sur chine bleuté.

43. Vénusberg, 2e planche (9). Très belle épreuve sur chine, *avec dédicace.*

44. Finale du Rheingold (18). Très belle épreuve sur chine, *signée.*

45. Début de la Walkure (23). Très belle épreuve sur chine, *signée.*

46. Le Génie de la Musique (35). Très belle épreuve sur chine, *signée.*

47. Baigneuses, 2e grande planche (38). Très belle épreuve, *signée.*

48. Solitude (40). Très belle épreuve du 1er état, sur chine, *avec dédicace.*

49. Sara la Baigneuse, 1re planche (44). Très belle et très rare épreuve du 1er état, sur chine, *avec dédicace.*

50. Le Poète et la Muse (45). Très belle épreuve sur japon, *signée* (doublée).

51. Evocation d'Erda, 2e planche (54). Très belle épreuve sur chine, *signée.*

52. Parsifal et les Filles-Fleurs (59). Superbe épreuve sur chine, *avec dédicace.*

53. A Victor Hugo (92). Très belle épreuve sur japon, *signée.*

54. La Gloire (94). Très belle épreuve sur chine, *avec dédicace.*

55. Hélène (95). Très belle épreuve sur chine, *avec dédicace*. Rare.

56. Chasseresse (103). Très belle épreuve sur chine, *timbrée*.

57. A Stendhal (105). Très belle épreuve sur chine.

58. A Robert Schumann, 2e planche (109). Superbe épreuve sur japon pelure, *avec dédicace*.

59. Le Paradis et la Péri, finale (111). Très belle épreuve sur chine, *avec dédicace*.

60. Poèmes d'Amour, 3e planche (112). Très belle épreuve sur chine, *signée*.

60 *bis*. Ballet des Troyens (114). Belle épreuve (sans marges).

61. Sémiramide (118). Très belle épreuve sur chine.

62. Dernier thème de Schumann (119). Très belle épreuve sur chine volant, *avec dédicace*.

63. Les Brodeuses, 2 pl. (123). Belle épreuve sur chine.

64. Vénus et l'Amour, 2e planche (124). Très belle épreuve sur chine.

65. Eve (126). Superbe épreuve sur chine, *avec dédicace*.

66. Pastorale (127). Très belle épreuve sur chine, *signée*.

67. Danses (140). Très belle épreuve sur chine.

68. Siegfried et les Filles du Rhin, 4e pl. (141). Très belle épreuve sur chine.

69. Les Brodeuses, 3e planche (143). Très belle épreuve sur chine.

70. Vénus Anadyomène (144). Très belle épreuve sur japon, *timbrée*.

71. Prélude de Lohengrin, 2e pl. (146). Très belle épreuve sur chine.

72. Etude pour Eve (147). Très belle épreuve sur chine.

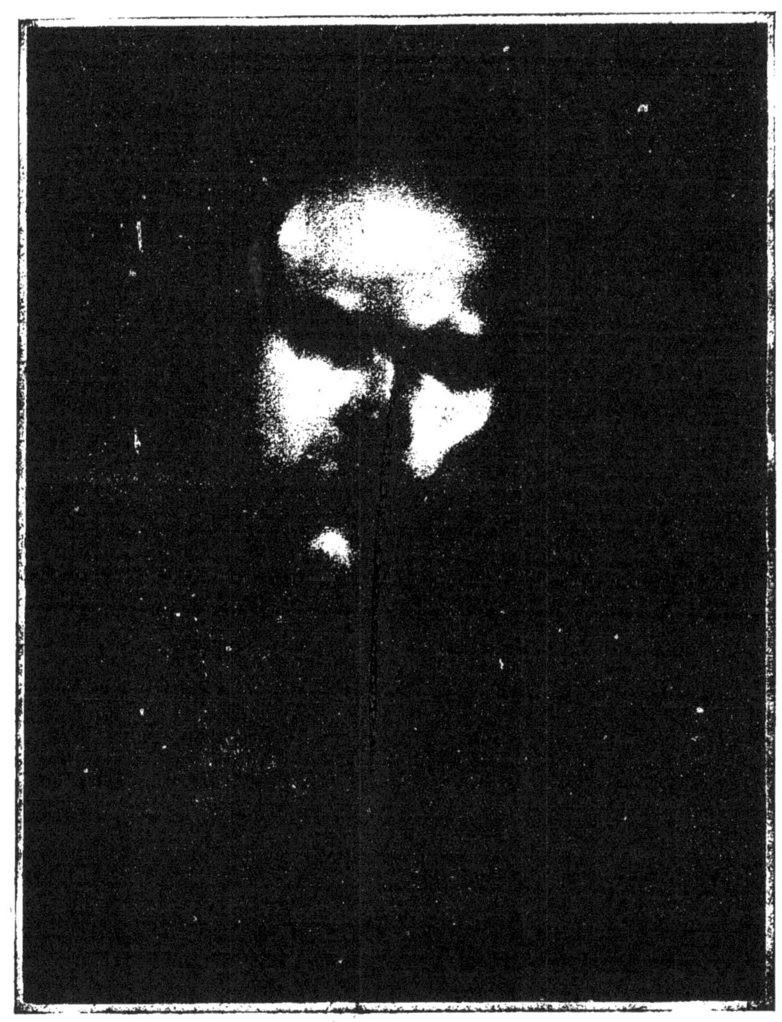

N° 10 du Catalogue.

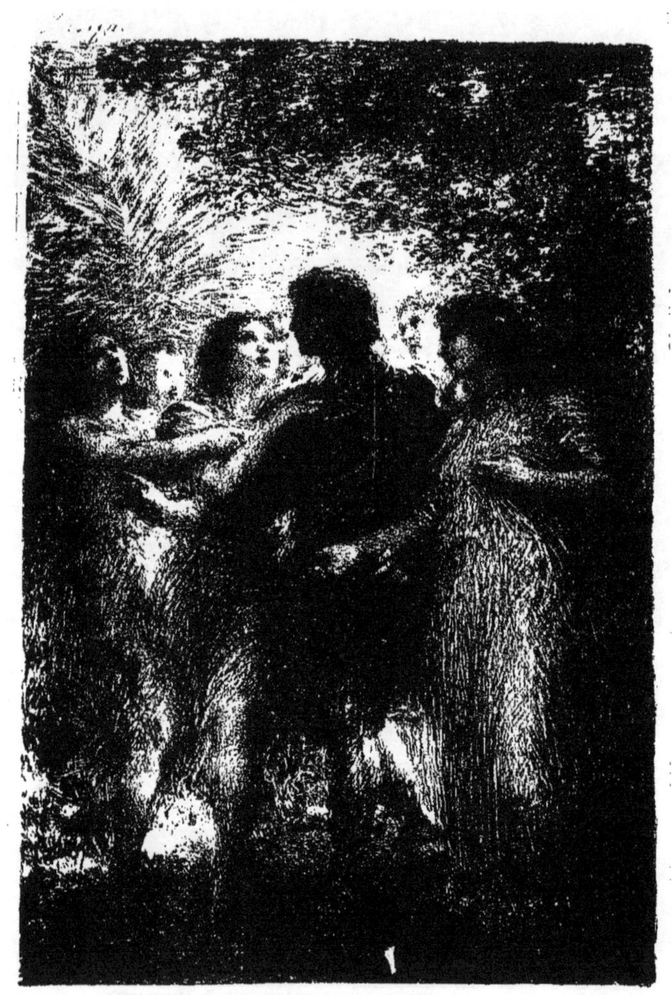

N° 52 du Catalogue.

73. Baigneuses, 2e moyenne planche (149). Superbe épreuve sur chine, *avec dédicace.*

74. Baigneuse debout, 3e pl. (152). Très belle épreuve sur chine, *signée.*

75. A Johannes Brahms, grande pl. (153). Très belle épreuve sur chine, *signée.*

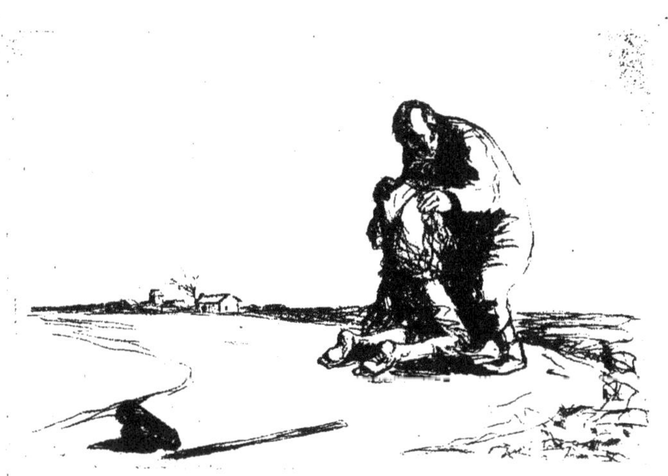

N° 91 du Catalogue.

76. Rêverie (159). Belle et très rare épreuve du 1er état, *signée* : on y a joint une épreuve de l'état définitif, soit deux pièces.

77. A Rossini (160). Très belle épreuve sur japon pelure.

78. Centenaire H. Berlioz (175). Très belle épreuve sur japon pelure, *signée.*

79. A Berlioz, petite pl. (120) — Eau dormante (173) — Confidence à la nuit (176). Trois pièces.

80. Œuvres de Berlioz et de Wagner, 7 planches. Très belles épreuves (4 sur japon pelure).

FORAIN (J. L.)

81. Chez l'Huissier (Marcel Guérin 3). Très belle épreuve, *signée* (n° 14).

82. Rue Laffitte (6). Très belle épreuve, *signée, numérotée* (33) et *timbrée*.

83. Au Théâtre (8). Très belle épreuve. Très rare.

84. Le Cabinet particulier, 1re planche (10). Superbe épreuve. Très-rare.

85. Le Cabinet particulier, 3e planche (11). Très belle épreuve. Très rare.

86. Le Bain (en hauteur) (54). Superbe épreuve.

87. En Grèce (60). Très belle épreuve.

88. Etude de Femme nue, les bras baissés (68). Très belle épreuve sur chine, *signée*.

89. Scène de Cabinet particulier (en hauteur) (75). Très belle épreuve, *signée*. Très-rare.

90. La Traite des blanches (26). Très belle épreuve, *signée* (8/25).

91. Retour de l'Enfant prodigue, 4e planche (47). Superbe épreuve, *signée* (5/25).

92. Fille-Mère, 1re planche (36). Très belle épreuve, *signée* (8/25).

INGRES (J. D. A.)

93. Katherine Anne (North). Lady Glenbervie (Loys Delteil 3). Très belle épreuve d'une pièce de la plus grande rareté. TROISIÈME ÉPREUVE CONNUE.

JONGKIND (J. B.)

94. Vue de la Ville de Maaslins (L. D. 8), épr. avec cache-lettre — Démolitions de la rue des Francs-Bourgeois St Marcel (18-2e état, *avt l. l.*). Deux pl. Belles épreuves.

LEGROS (Alphonse)

95. Tête de modèle (26). Superbe épreuve sur japon. Très-rare.

96. Tête de modèle. Superbe épreuve, *signée.*

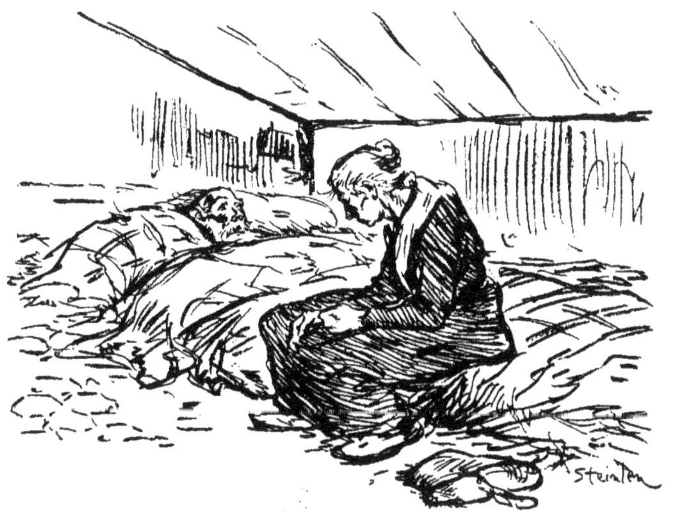

N° 153 du Catalogue. Steinlen

97. Les Chantres espagnols (ou le Lutrin) (59). Très belle épreuve, *avant la lettre.*

98. Mlle Simpson. Très belle épreuve, *tirée en sanguine, signée.*

99. Le Cardinal Manning, lithographie (406). Très belle épreuve sur chine, *signée.*

LEPÈRE (Auguste)

100. Les Nouveaux Quais (Lotz-Brissonneau 168). Très belle épreuve sur japon, *signée.*

101. Rouen : Le Pont de pierres. — Les Nouveaux Quais. — L'Ile Lacroix. — La Machine à décharger le grain (171). Très belles épreuves sur chine, *signées*.

102. Place Haute-Vieille-Tour, Rouen (172). Très belle épreuve sur chine, *signée*.

103. Église Saint-Ouen, Rouen (176). Très belle épreuve sur chine, *signée*.

104. La Cathédrale de Rouen (177). Très belle et fort rare épreuve du 1er état (tirée à 6 épr.), sur japon pelure, *signée*.

105. 14 Juillet, Fête au Trocadéro (192). Très belle épreuve sur japon pelure.

106. La Tour Eiffel, Fête de nuit (193). Très belle épreuve sur japon pelure.

107. Les Déchargeurs de plâtre, Canal St-Martin (211). Très belle épreuve sur japon, *signée*.

108. La Montagne Ste-Geneviève, vue de l'Estacade (216). Très belle épreuve sur japon, *signée*.

109. Les Boulevards, près la porte St-Denis (227). Très belle épreuve sur japon pelure, *signée*.

110. Le Pont St-Michel (229). Superbe épreuve sur japon pelure, *signée*.

110 *bis*. La même estampe. Très belle épreuve, *signée*.

111. Petit bras au Pont St-Michel (237). Très belle et très rare épreuve du 1er état, *signée*.

112. Les Lames déferlent (274). Très belle épreuve, *imprimée en couleurs*, sur japon, *signée* (no 4).

113. Les Pêcheuses de Pignons (294), 1er et 2e états. Deux pièces. Très belles épreuves, *signées*.

114. Paysages. Deux pièces (*une signée*).

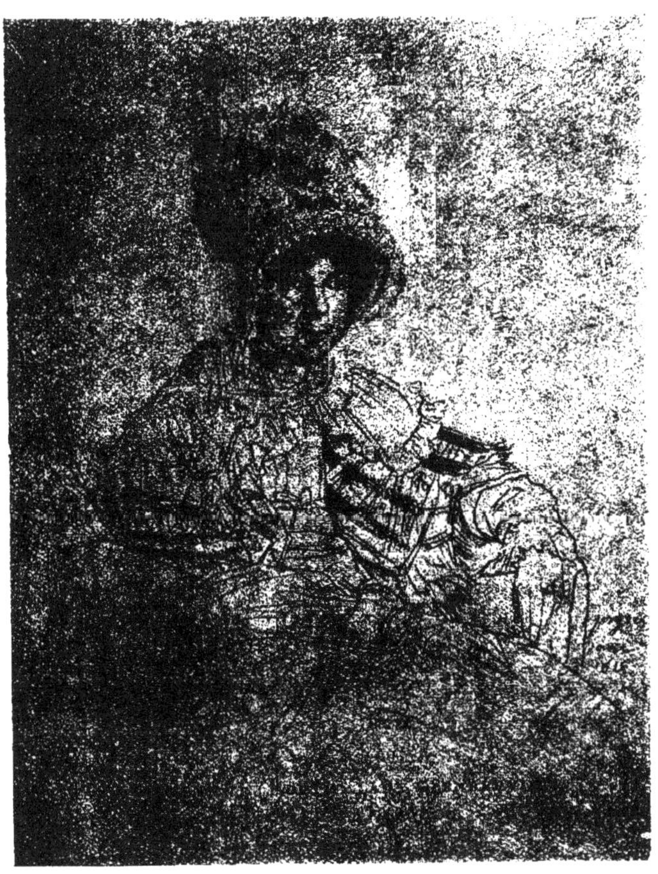

N° 93 du Catalogue.

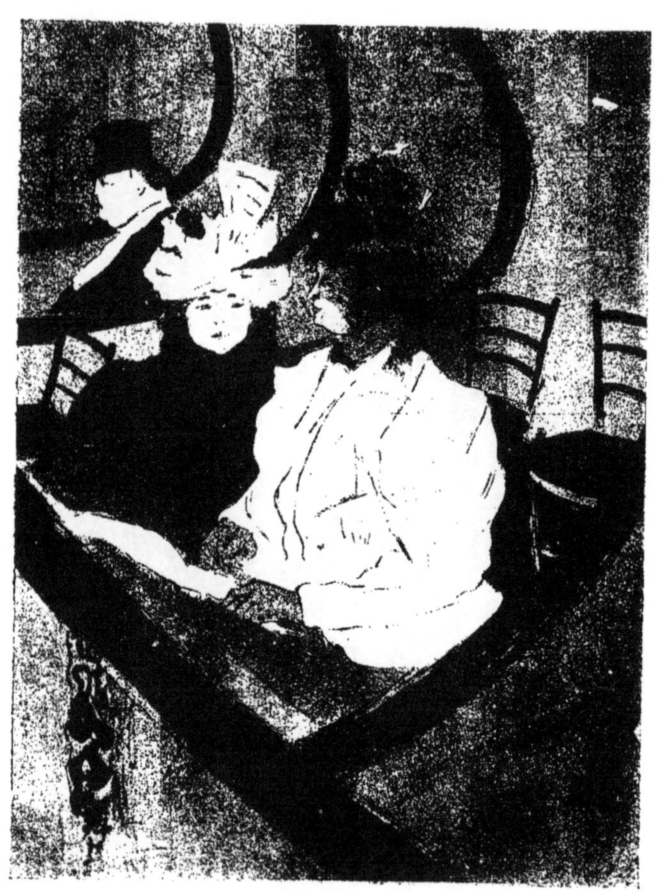

N° 160 du Catalogue.

MUYDEN (Evert van)

115. Animaux divers. Cinq pl. Très belles épreuves. (*4 signées*).

PISSARRO (Camille)

116. Les Pommes de terre. Très belle épreuve, *signée*. Rare.

117. Les Bûcheronnes. Lithographie. Très belle épreuve.

RIVIÈRE (Henri)

118. Le bois du Béret, Douarnenez. Très belle épreuve sur japon, *imp. en couleurs*, *timbrée*.

119. Le Cimetière de Peros-Guirrec. Très belle épreuve, *imp. en couleurs*, sur japon, *timbrée*.

120. Départ de bateaux sardiniers (Tréboul). Très belle épreuve, *imp. en couleurs*, sur japon. *timbrée*.

121. L'Écume après la vague. Très belle épreuve sur japon, *imp. en couleurs*, *timbrée*.

122. Embouchure du Trieux. Très belle épreuve sur japon, *imp. en couleurs*.

123. La Baie. Très belle épreuve, *imp. en couleurs*, sur japon, *timbrée*.

124. Paysage de Bretagne. Très belle épreuve, *imp. en couleurs*, sur japon, *timbrée*.

125. Barques de pêche. — La Nuit. — La Vache dans le pré. Trois pièces, *imp. en couleurs* (deux *signées*).

126. Ruisseau à Lepèrec. Lithographie. Très belle épreuve, *imp. en couleurs*, *signée* (n° 15).

127. Rue à Tréboul. Lithographie. Très belle épreuve, *imp. en couleurs*, *signée* (n° 14).
On y a joint 5 pl. de la Féerie des Heures.

RODIN (Auguste)

128. Bellone (Loys Delteil 3). Superbe épreuve sur japon, *signée*.

129. La Ronde (5). Magnifique épreuve du 2ᵉ état, sur chine, *signée*.

130. Victor-Hugo, de trois-quarts (6). Belle épreuve, avec la nouvelle remarque.

131. Victor-Hugo, de face (7). Belle épreuve, avec la nouvelle remarque.

132. Becque (Henri) (9). Belle épreuve sur japon, *signée*.

133. Proust (Antonin) (10). Très belle épreuve du 4ᵉ état (sur 7).

STEINLEN (Th. A)

134. Deux Gigolettes et deux gigolos (E. de Crauzat 21). Très belle épreuve, *signée* (nᵒ 10).

135. Blanchisseuses reportant l'ouvrage (22). Très belle épreuve, *imp. en couleurs, signée*.

136. Bourg breton Plestin (62). — Route traversant un village (81). Deux pièces. Très belles épreuves, *tirées en plusieurs tons, signées* (nᵒˢ 11 et 14).

137. Chemineau traversant un village endormi (69). Très belle épreuve, *signée*.

138. Deux Modèles nus (70). Très belle épreuve du 1ᵉʳ état, *tirée en 2 tons, signée* (nᵒ 10).

139. Amoureux sur un banc (71). Très belle épreuve, *signée* (39/40).

139 *bis*. Chat dormant dans un coin (76). Très belle épreuve, *tirée en 2 tons, signée* (5/20).

140. Croquis de Rue (84). Très belle épreuve, *signée*. (2/10). Très rare.

141. Chat sur le plancher (88). Très belle épreuve du 1er état, *signée.*

142. Femme assise s'essuyant les pieds (91). Très belle épreuve, tirée en bistre, *signée* (nº 8/25).

142 *bis.* Femme couchée (92). Très belle épreuve, *tirée en bistre, signée* (3/25).

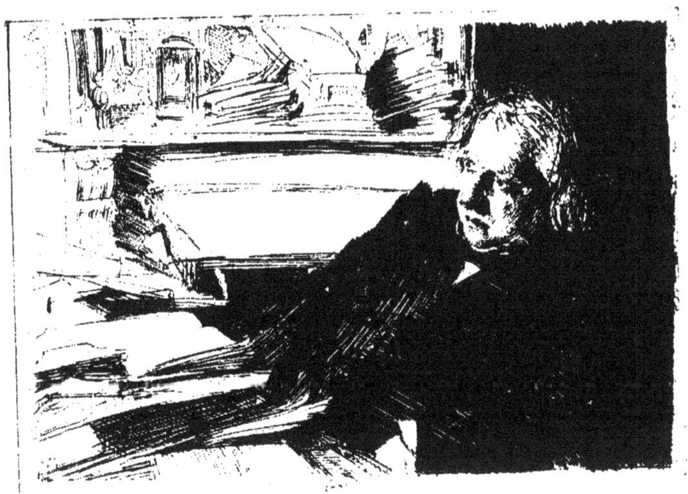

Nº 224 du Catalogue.

142 *ter.* Femme de trois quarts, se coiffant (93). Très belle épreuve, *tirée en bistre, signée* (8/25).

143. Chat couché et allongé (98). Très belle épreuve, *signée* (11/22).

144. Vieux Chat dans l'herbe (95). Très belle épreuve, *imp. en couleurs, signée* (17/25).

145. L'Enfant malade (90). Deux très belles épreuves, *une d'essai, signées.*

146. Chat couché (101). Très belle épreuve, *tirée en 2 tons, signée* (6/22).

147. La Misère sous la neige (134). — Jolie Société !... (136). — En Carême (139). — Sans le sou ! (141). — Retour en arrière (156). Cinq pl. Belles épreuves, *numérotées* et *timbrées*.

148. Aux vrais pauvres : les mauvais riches (161). Très belle épreuve sur chine, *signée*, (n° 17).

149. Filles et souteneur (165). Très belle épreuve sur chine, *signée*.

150. Dans la Rue (170). — Paris la Nuit (251). La Libératrice (252). Quatre pièces. Belles épreuves.

151. La Rue Caulaincourt (171). Très belle épreuve sur chine, *signée* et *timbrée*.

152. Misère (176). Très belle épreuve sur chine, *signée* et *timbrée*.

153. La Veuve (178). Très belle épreuve, *signée*, *numérotée* (10/30) et *timbrée*.

154. Réhabilitation civile et exécution militaire (203) — La Grève des Juifs (209) — On détrousse au coin des bois (211) — L'Honnête ouvrier (213). Quatre pièces. Très belles épreuves, *signées* et *numérotées*.

155. Laveuses (258). Très belle épreuve sur japon. Très rare.

156. Chansons de Femmes, frontispice et 15 planches. Exemplaire n° 15, avec *croquis original* dans la marge de la 1re pièce. Très belle épreuve dans la couv. de publ.

157. Fumés du *Gil Blas*, 25 pl. Très belles épreuves, *tirées en couleurs*.

TOULOUSE-LAUTREC (H. de)

158. H. de Toulouse-Lautrec — Sept pointes sèches — Paris, Manzi, Joyant, s. d. exempl. n° 8 (tirage : 15 exempl.), sur japon, dans la couv. de publication.

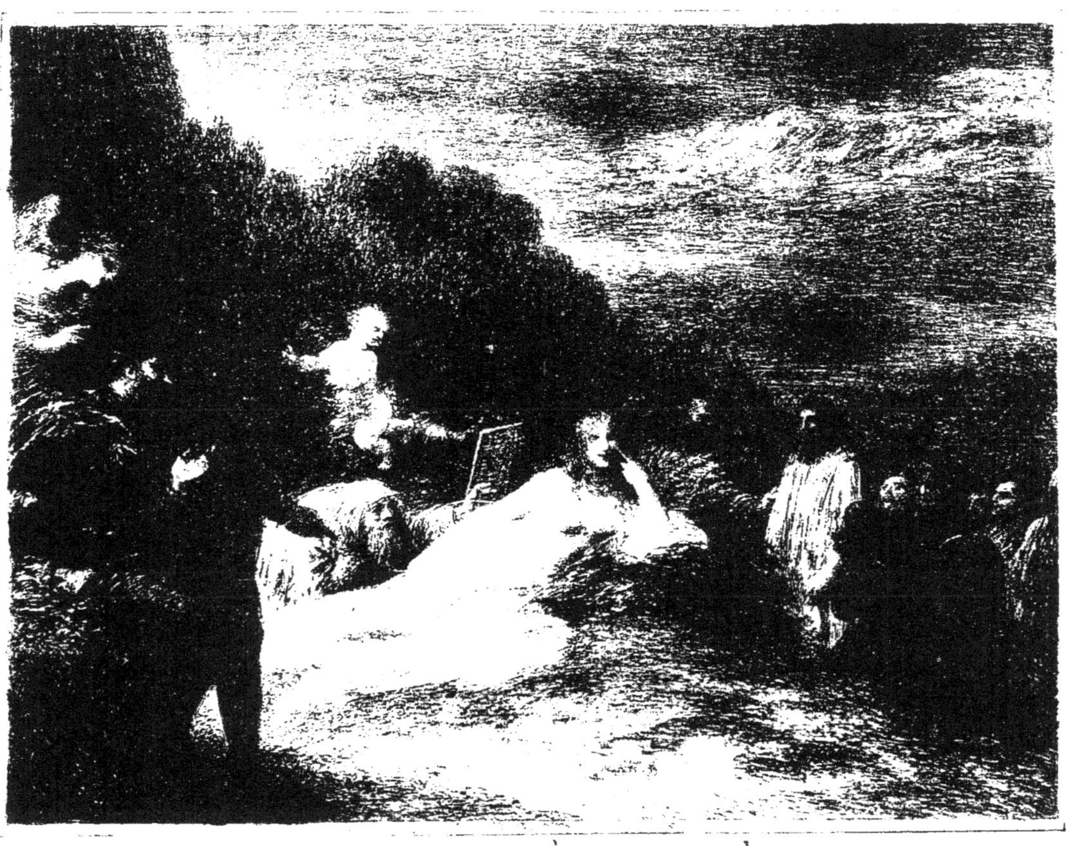

N° 55 du Catalogue.

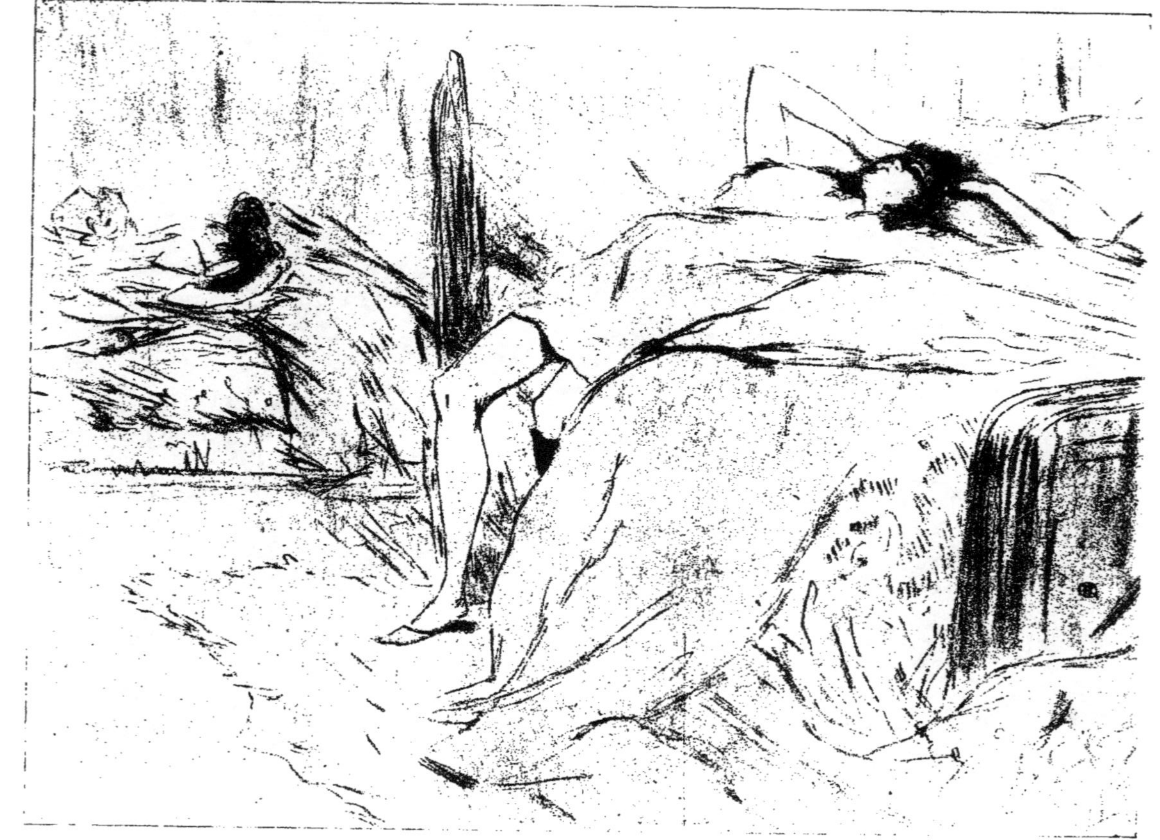

N° 170 du Catalogue.

159. Idylle princière. Superbe épreuve, *imprimée en couleurs*.

160. La Grande Loge. Très belle épreuve, *imprimée en couleurs*, avec le mot : *passe*, tracé par Lautrec. Très-rare.

161. La Loge au mascaron. Très belle épreuve du 1er état, *imp. en couleurs, avec dédicace*.

162. La Loge (Faust). Très belle épreuve. Rare.

163. La Loge (The Ault). Très belle épreuve, *imp. en couleurs*.

164. La Viennoise. Belle et très-rare épreuve de la planche noire seule, sur vieux japon.

165. La même estampe. Superbe épreuve, *imprimée en couleurs, signée numérotée* (7) et *timbrée*. (Tiré à 17 épr.)

166. La Clownesse au Moulin-Rouge. Très belle épreuve, *signée, timbrée* et numérotée (3).

167. Partie de campagne (ou le Tonneau). Très belle épreuve, *imp. en couleurs*.

168. La Goulue et sa Sœur. Très belle épreuve, *imprimée en couleurs, signée* (n° 50).

169. Aux Ambassadeurs. Très belle épreuve, *imp. en couleurs, signée* et *timbrée*.

170. Lassitude. Superbe épreuve, *tirée en sanguine, sur ton, timbrée* (n° 18).

171. Au petit Lever. Très belle épreuve, *tirée en plusieurs tons, numérotée* et *timbrée*.

172. Le petit Déjeuner. Très belle épreuve, *tirée en sanguine, timbrée* (n° 17).

173. Blanche et noir. Superbe épreuve sur japon, *avec dédicace, signée*.

174. May Belfort, de profil. Très belle épreuve, *timbrée* (n° 1).

175. May Belfort, de trois quarts. Très belle épreuve.

176. May Belfort, rejetée en arrière, moyenne planche. Très belle épreuve, *timbrée.*

177. May Belfort saluant. Superbe épreuve *avec dédicace*, sur vieux japon.

178. May Belfort, grande planche. Très belle épreuve, *avec teinte*, *signée* et *timbrée.*

179. May Belfort, à l'Irish Bar. Très belle épreuve, *timbrée* (n° 9).

180. Sarah Bernhardt, dans Phèdre. Très belle épreuve sur japon, *signée* et *timbrée.*

181. Brandès dans sa loge. Très belle épreuve, *timbrée numérotée* (5).

182. Ida Heath dansant. Très belle épreuve, *timbrée* (n° 4).

182 *bis*. La même estampe. Très belle épreuve sur vieux japon.

183. Ida Heath au Bar. Très belle épreuve, *timbrée* (n° 2).

184. Leloir et Moreno dans les Femmes savantes. Très belle épreuve, *timbrée* (n° 22).

185. Lender en buste. Très belle épreuve, *imp. en couleurs*, *timbrée* (37/100).

186. Lender en toilette de ville. Superbe épreuve, *imprimée en couleurs*, *signée* et *numérotée* (6).

187. Lender et Auguez. Très belle épreuve.

188. Cecy Loftus. Superbe épreuve sur chine, *signée* et *timbrée.*

189. Yahne dans sa loge. Très belle épreuve.

190. Yahne et Antoine. Très belle épreuve.

191. A la Brasserie. Très belle épreuve, *signée*, *timbrée* (n° 95).

192. Au-dessus des forces humaines. Très belle épreuve sur japon, *timbrée*.

192 *bis*. Carnaval. Très belle épreuve, *signée* (n° 51).

193. Chanteuse légère. Très belle épreuve.

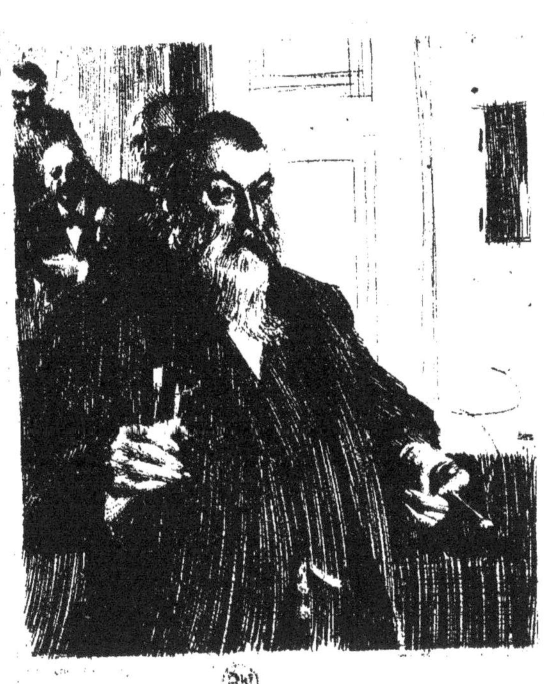

N° 225 du Catalogue.

194. Colombine à Pierrot, Très belle épreuve du 1er état, *timbrée* (n° 40).

194 *bis*. Di ti Fellow (Anglaise au Café-Concert). Très belle épreuve sur chine.

195. Le Gage. Superbe épreuve du 1er état, sur chine, *avec dédicace*.

195 *bis*. La Goulue en dompteuse. Très belle épreuve.

196. Jeune Femme au chien. Très belle épreuve, *signée* (1/25).

197. Pois vert. Superbe épreuve tirée sur *papier verdâtre, timbrée* (n° 17).

198. Sommeil. Très belle épreuve sur japon, *tirée en sanguine, signée* (7/12).

199. Sortie de Théâtre. Superbe épreuve, *signée* (1/25).

199 *bis*. Un Rude. Très belle épreuve, *timbrée*.

200. Le Jockey. Très belle épreuve, *imp. en couleurs*.

201. Amazone et tonneau. Très belle épreuve.

202. L'Entraineur. Très belle épreuve, *tirée en ton bleuté*.

203. Le Poney et le Chien. 2 très belles épreuves, *avec* une modification importante. Rares.

204. Poney à l'écurie. Très belle épreuve, *signée, timbrée* (3/15).

205. Cheval. Très belle épreuve : *bon, 50 exemplaires, Lautrec*.

206. Le Cheval et le chien aboyant. Très belle épreuve sur japon. Très-rare.

207. Le Cheval et le chien à la pipe. Très belle épreuve sur japon, *signée*. Fort rare.

207 *bis*. La même estampe. Très belle épreuve. Fort rare.

208. Le Hareng Saur. Très belle épreuve du 1er état, *timbrée*.

209. Le Fou. Très belle épreuve du 1er état, *timbrée*.

210. La Passagère du 47 (Salon des Cent). Deux belles épreuves, *avant la lettre*, une en noir, *signée*, la seconde *tirée en couleurs*.

211. Procès Arton. Trois pièces. Belles épreuves, (*timbrées*).

212. The Chap Book. Très belle épreuve, *avant la lettre, imp. en couleurs, timbrée.*

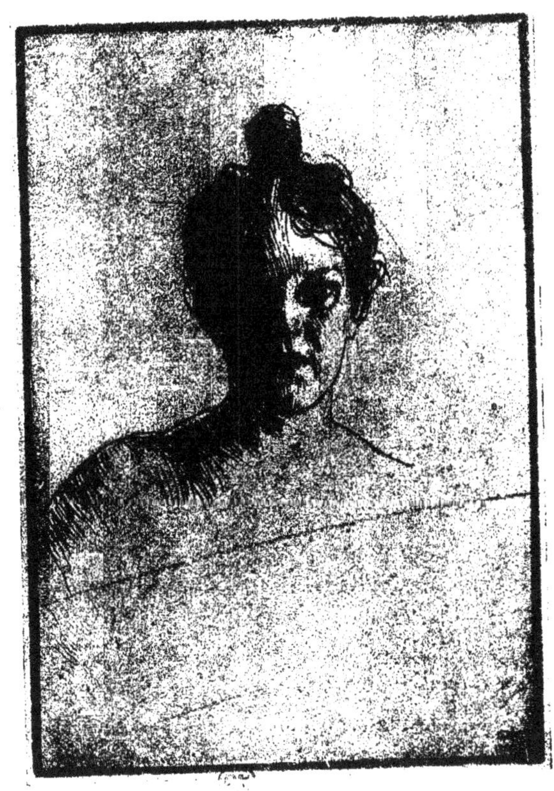

N° 227 du Catalogue.

213. La Modiste, menu. Très belle épreuve, *avant la lettre, timbrée.*

214. Menu Hébrard, 26 avril 94. Très belle épreuve.

215. Edmée Lescot. — Fumés du Rire, 3 pl. — La Goulue (53/100). — La Terreur de Grenelle. Six pièces.

215 *bis*. L'Estampe originale, 2 Couvertures. — Rime de joie, réduction. Trois pièces (une signée).

WHISTLER (J. M. N.)

216. Travesti. Lithographie. Très belle épreuve, *tirée en sanguine*, sur japon pelure.

217. Danseuse. Très belle épreuve sur papier pelure.

WILLETTE (Adolphe)

218. Pierrot pendu. Très belle épreuve sur japon, *signée* (nº 55).

219. Le Journal, Exposition. — La Lithographie. Deux pièces. Très belles épreuves sur japon.

ZORN (Anders)

220. Rosita Mauri (Loys Delteil 34). Très belle épreuve du 3e état (sur 5), sur chine.

221. J. B. Faure (52). Très belle épreuve, *signée*.

222. Liebermann (Max) (55). Superbe épreuve sur japon.

223. Mme Simon, 2e planche (66). Belle épreuve.

224. Renan (Ernest) (72). Superbe épreuve, sur papier verdâtre.

225. Le Toast, 2e planche (80). Superbe épreuve, *signée*.

226. Mrs Grover Cleveland, 2e pl. (144). Superbe épreuve du 4e état (sur 6), *signée*.

227. Mme Runeberg (154). Très belle et fort rare épreuve du 1er état, *signée*.

228. Joueuse de guitare (155). Très belle et fort rare épreuve du 1er état, *signée*.

Paris. — Imp. FRAZIER-SOYE, 153-157, rue Montmartre